Leonardo da Vinci

Enrico Lavagno

Ilustraciones de
Tamypu

© 2025, Editorial Libsa
C/ Puerto de Navacerrada, 88
28935 Móstoles (Madrid)
Tel. (34) 91 657 25 80
e-mail: libsa@libsa.es
www.libsa.es

ISBN: 978-84-662-4424-4

Derechos exclusivos para todos
los países de habla española.

Traducción: Samara Ibarra Bernal
Título original: *Leonardo da Vinci - La mia vita tra arte, genio e avventura*
© MMXXI Nuinui, S.A.

Leonardo da Vinci

Mi vida, mi arte y mis aventuras

LIBSA

1452 / 1518
El niño da Vinci

Empiezo a escribir mis memorias en el castillo Clos Lucé, en el reino de Francia, en este día del 15 de abril de 1518. Hoy es mi cumpleaños: tengo la respetable edad de 66 años, una larga barba blanca y la cabeza lisa como un huevo. Pero no me siento viejo. Si a veces me hago un lío es porque he hecho y he visto tantas cosas que la memoria de un solo hombre no es suficiente para acordarse de todo. Se dice de mí que soy un genio. En mi opinión, es verdad.

También dicen que no soy nada modesto. Pero no es mi culpa si tengo miles de ideas geniales en la cabeza. De todas formas, se dicen muchas cosas de mí. Da Vinci es pintor, da Vinci es inventor, da Vinci es ingeniero. Es vanidoso, es improductivo, es un derrochador, está incluso un poco loco… se ha llegado a decir hasta que soy un brujo. Se dicen tantas cosas de mí que a veces ni yo mismo sé quién soy. Pero vosotros, queridos lectores y lectoras, si llegáis hasta el final de esta historia, quizá averigüéis quién fue Leonardo da Vinci y puede que tengáis razón.

Nací en Anchiano, una aldea del pueblo de Vinci, entre Florencia y el mar. Era el 15 de abril de 1452, a las 10 menos veinte de la noche. La casa en la que nací existe todavía. Aquí vivía desde hacía más de cien años la familia de mi padre, cuyos abuelos y bisabuelos ejercían la respetable profesión de notarios. Esta era su casa de campo, un lugar tranquilo, alejado de la ciudad. Pero aquella noche el ambiente era mucho menos tranquilo. Me contaron que había mucha gente. Mi madre estaba en una pequeña habitación, al lado de la entrada. También estaban las matronas. Sentados en bancos, había hombres vestidos con ropa oscura y con sombreros en forma de buñuelo y algunas mujeres que rezaban en voz baja. También estaba mi abuelo, el señor Antonio da Vinci, sentado en silencio delante de la chimenea.

Solo faltaba mi padre, pero no porque estuviera muerto, ¡ni mucho menos! Tenía 20 años y una salud excelente. El abuelo lo había enviado a Florencia porque no estaban pasando por un buen momento. El verano anterior, cuando estaba de vacaciones en Anchiano, mi padre conoció a una chica y ¡cataplum!… nueve meses más tarde llegué yo, al mismo tiempo que la primavera. Vaya berenjenal… Caterina, mi madre, era muy joven y todo el mundo decía que era maravillosa; una pena que no fuera su esposa. Ella no pertenecía a ninguna familia noble, no había heredado tierras ni castillos, ni siquiera sabía leer ni escribir. Era una campesina humilde que cultivaba la tierra de la familia da Vinci. Y encima, mi padre, el señor Piero da Vinci, estaba a punto de casarse con otra mujer, más rica y más conveniente para la buena reputación de la familia.

Vacaciones eternas

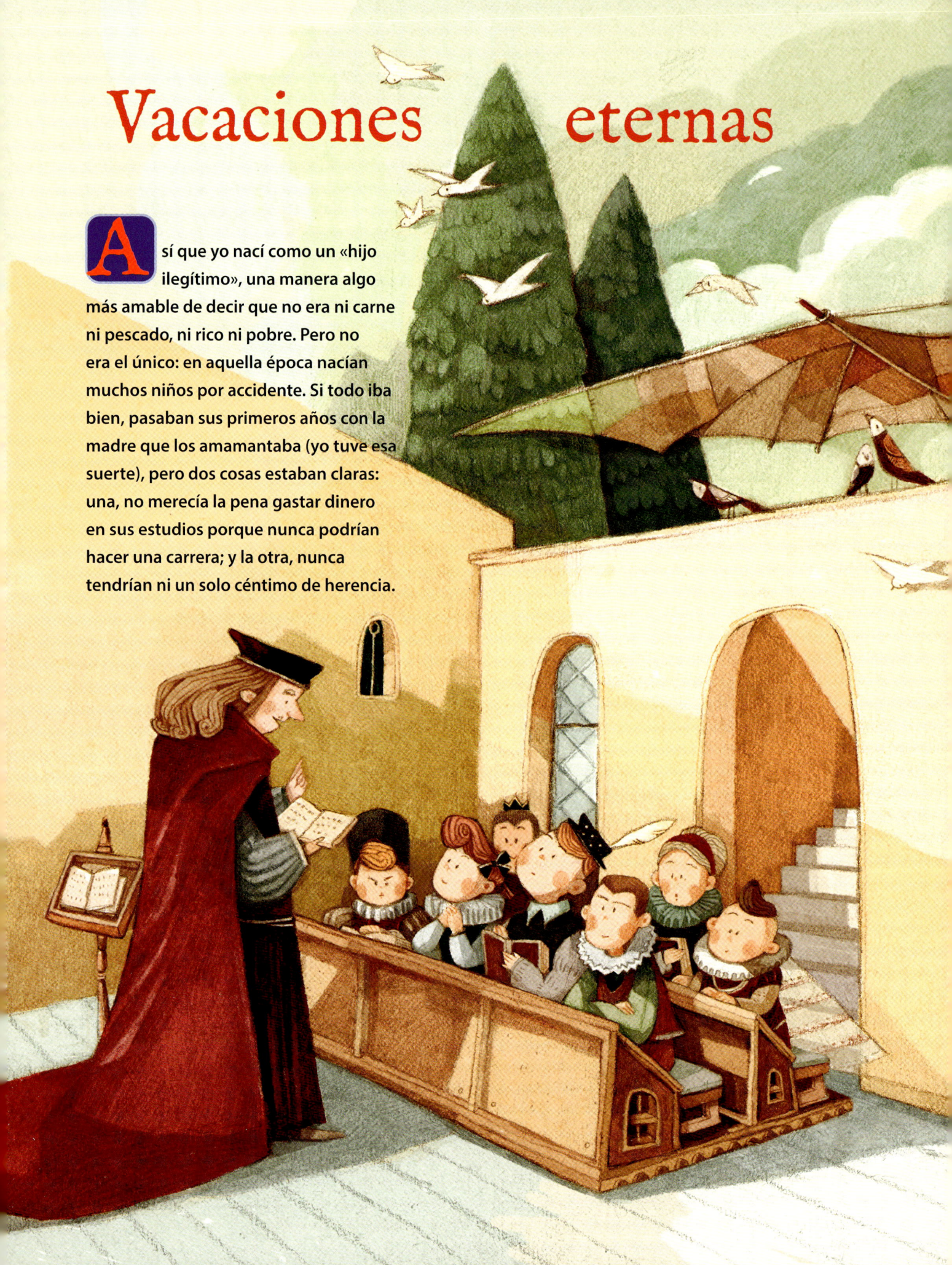

Así que yo nací como un «hijo ilegítimo», una manera algo más amable de decir que no era ni carne ni pescado, ni rico ni pobre. Pero no era el único: en aquella época nacían muchos niños por accidente. Si todo iba bien, pasaban sus primeros años con la madre que los amamantaba (yo tuve esa suerte), pero dos cosas estaban claras: una, no merecía la pena gastar dinero en sus estudios porque nunca podrían hacer una carrera; y la otra, nunca tendrían ni un solo céntimo de herencia.

Esas eran las malas noticias, pero también había una buena: como la mayoría de las niñas y niños ilegítimos éramos hijos de padres ricos e importantes, tampoco podían criarnos como a campesinos. Así que nada de escuela, pero tampoco nada de trabajar en el campo. Como unas vacaciones eternas.

De todas formas, a los hijos e hijas ilegítimos también había que alimentarlos. ¡Y yo comía por cuatro! Era una situación incómoda: en cualquier momento corríamos el riesgo de que una abuela o cualquier pariente enfadado nos echara de casa. Ante esta situación, me di cuenta enseguida de que solo podría salir bien parado

si trabajaba duro para llegar a ser alguien especial: un verdadero genio, el más listo de todos.

Viví muy poco tiempo con papá y mamá. Él seguía trabajando de notario en Florencia y ella volvió a trabajar en el campo. Sin embargo, tenía unos abuelos maravillosos. El abuelo Antonio me enseñó el campo de la Toscana, que conocía como la palma de su mano, y como la vida misma. Lo sabía todo: el nombre de los árboles, el canto de los pájaros, los caminos secretos de los bosques. Me explicaba cómo encontrar pozos, cavar fosos, regar el campo… Un mundo maravilloso se abrió ante mí, hecho de cosas infinitas, todas diferentes pero unidas entre sí: el mundo de la naturaleza que nunca he dejado de explorar.

Lo dibujaba todo, dibujaba siempre

También estaba el tío Francesco, el hermano de mi padre. Era todo lo contrario que él: fue mi compañero de juegos de la infancia. Le gustaba levantarse tarde por las mañanas y dejarse llevar por sus ensoñaciones el resto del día. Se reía mucho, cantaba muy bien y le gustaba escribir cartas, canciones y poemas. Yo lo miraba mientras escribía. Me sentaba delante y lo imitaba como si estuviera frente a un espejo. Al principio, era un juego, pero se convirtió en una costumbre... y así fue como aprendí a escribir, con la mano izquierda y además en sentido contrario. Las pocas veces que mi padre venía a visitarnos, sacudía la cabeza cuando veía mis garabatos. Para él, nada bueno podía salir de mí. Pero había algo que se me daba muy bien hacer: dibujar. Como los Vinci habían sido notarios durante muchas generaciones, en casa había montañas de papeles. Y como el papel costaba una fortuna y no podía despilfarrarse, yo utilizaba los borradores y hojas rotas para practicar.

Lo dibujaba todo, dibujaba siempre, y no me hizo falta mucho tiempo para que se me diera muy bien

Los años iban pasando, yo iba creciendo, y conmigo también iba creciendo el miedo a que mi abuela o cualquier otro miembro de la familia decidiera echarme a la calle. Un día, la situación se precipitó. El abuelo Antonio se puso enfermo en otoño y el invierno se lo llevó. Sin él, yo estaba aún más en peligro, pero el dibujo me salvó. Un día mi padre vino a visitarnos. Cogió mis papeles de encima de la mesa, los miró con su habitual gesto severo, con los labios apretados, entrecerró un poco los ojos y después, increíble pero cierto, ¡sonrió!, o más bien, levantó ligeramente los labios hacia los lados; lo suficiente para entender que, por una vez, había hecho algo muy bien. El señor Piero estaba contento con su

Leonardo. Era 1465. ¡Hicieron falta trece años para que aquello pasara! Papá se dio cuenta de que estos dibujos a lápiz eran mejores que los que habían hecho los alumnos de maestros pintores de Florencia. Así que, me envió a casa de uno de esos maestros para aprender el oficio… una buena forma de echarme a la calle sin que se notara demasiado.

En la escuela con el mago

Para que os hagáis una idea de cómo era Florencia en aquella época, basta con decir que había más talleres de artesanos que carnicerías. Desbordados de trabajo, los artesanos necesitaban muchos asistentes y estos tampoco faltaban: muchos eran jóvenes donnadies que no tenían un duro y que había que colocar de una manera u otra. En uno de esos talleres trabajaba un amigo de papá, Andrea del Verrocchio, muy famoso en Florencia.

Un día mi padre me llevó a verlo. Era 1466, si recuerdo bien. La gran sala central parecía el taller de un mago: llena de estanterías con tarros de cristal, sustancias para preparar los colores, polvos de lapislázuli color cielo, tierra de diferentes colores para cocerla, huesos quemados, pero también balanzas, hornos humeantes, brazos y piernas que utilizaba para dibujar (¡eran falsos pero parecían de verdad!). Los asistentes de Andrea estaban muy atareados en

aquel taller. Algunos también hacían de modelos, de hecho, esa fue mi primera tarea. Todo el mundo decía que yo era un chico muy guapo, al contrario que mi padre, añadían de manera más discreta. Si pensáis que estoy presumiendo demasiado, mirad la estatua del David realizada por Verrocchio: dicen que soy yo de joven… Aprendí mucho gracias a Andrea, aunque no voy a detallar la cantidad de técnicas diferentes que me enseñó. Parecía que lo sabía todo. Era escultor, orfebre y pintor, hacía medallas y, sobre todo, creaba magníficas estatuas de bronce, lisas y perfectas, sin que se viera ni una sola soldadura.

Me enseñó a pintar un cuadro, desde el boceto del dibujo hasta la última pincelada. Me daba libertad para experimentar con la pintura al óleo, que hacía muy poco que habían inventado en la lejana Flandes, al norte de Europa. Pude descubrir el mundo oscuro de las sombras, el de la profundidad de las cosas cuando el color se difumina poco a poco, y también el de la luz. En fin, gracias a él aprendí a pintar cuadros e hice mi primera creación, *La Anunciación*, que además es una de las pocas que terminé en toda mi vida (ya veréis más adelante).

Cadáveres, cánones

 **E**ntre los diferentes tipos de técnicas, Andrea me inició también en el dibujo anatómico, es decir, la representación precisa del cuerpo humano (músculos, huesos, venas, glándulas, etc.), que tenía el inconveniente de ser un poco desagradable, ya que había que disecar cadáveres y dibujarlos sin que te entraran náuseas. Por extraño que parezca, este arte me fascinaba tanto que muy pronto se convirtió en una pasión (hasta el punto de que llegué a escribir un tratado sobre este tema). También había un arte en el que Verrocchio era todo un campeón fuera de serie: la fundición de artillería de calidad superior.

Nunca lo había pensado, pero era una excelente carta de presentación para hacer carrera, ya que los señores italianos siempre guerreaban unos contra otros. Un trabajo como ese me hubiera asegurado un futuro, protegido de abuelas o medio hermanos malintencionados. Así que aprendí el oficio y de él nació otra gran pasión: dibujar fortalezas, cañones, carros de combate tan seguros como el interior de un barril.

y juramentos

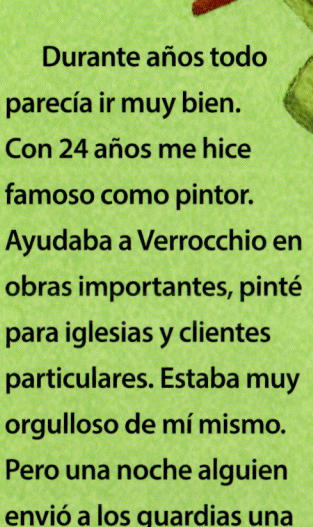

Durante años todo parecía ir muy bien. Con 24 años me hice famoso como pintor. Ayudaba a Verrocchio en obras importantes, pinté para iglesias y clientes particulares. Estaba muy orgulloso de mí mismo. Pero una noche alguien envió a los guardias una carta anónima en la que se me acusaba, junto a otras personas, de divertirme demasiado, según la opinión de los respetables. Es verdad, era joven y disfrutaba de la vida, pero no le hacía mal a nadie y había otros que eran más importantes que yo y se divertían de la misma manera. Pero la ley no se lo tomaba a broma y yo me puse muy nervioso. Por suerte, el asunto no llegó a nada porque en la lista había nombres de gente importante…

Después ocurrió algo horrible. Era 1478, imposible equivocarme de fecha. En aquella época los banqueros eran los verdaderos señores de la rica Florencia: familias como los Medici, los Strozzi, los Rucellai y los Pazzi luchaban sin descanso para conseguir poder. Cuando nací, la familia Medici estaba al mando y durante los años que viví en Florencia el dirigente era Lorenzo, al que llamaban «el Magnífico» porque era capaz de hacer que las cosas más tristes y aburridas, como la economía y los asuntos de Estado, parecieran brillantes y divertidas. Así que imaginad la envidia que le tenían los otros banqueros a un imperio tan próspero…

Los Medici y la conjura de los Pazzi

En medio de todo estaban los Pazzi, una familia más rica y antigua que los Medici. Estar en segundo lugar en Florencia les enfadaba tanto que decidieron asesinar a Lorenzo el Magnífico. Pero mataron a la persona equivocada: a su hermano Julio. Lorenzo, que «solo» había resultado herido, se enfureció muchísimo. En tan solo un día, los Medici se quitaron de encima el problema de un plumazo y muchas personas terminaron colgadas en las ventanas de los edificios más importantes. Qué historia tan fea... Lorenzo seguía siendo el Magnífico, pero el ambiente en Florencia se había puesto muy tenso. Para colmo, nunca conseguí convencer al Medici de que yo era el mayor genio de entre sus colaboradores más cercanos. Me había encargado obras importantes, incluso me trataba como a un amigo, pero no le prestaba atención a mis proyectos de fortalezas impenetrables, a mis inventos mecánicos o a mis dibujos anatómicos, ni siquiera a mis cálculos más desconocidos, ¡todo lo que a mí me gustaba más! Estaba decepcionado. Pero la gota que colmó el vaso fue un cuadro, la *Adoración de los Magos*,

que casi había terminado gracias a mis únicos dibujos. Las sombras, las luces, la composición, todo iba de maravilla. Los honestos religiosos de la iglesia de Scopeto que me habían encargado la obra estaban encantados. Pero más tarde, como era mi costumbre, empecé a enredarme en los detalles. Me entretenía con todos los detalles del cuadro y no lo terminaba nunca. Me dedicaba en cuerpo y alma. Incluso demasiado. En un momento dado, me di cuenta de que había perdido el control y, en vez de colocar a José cerca de María y del Niño Jesús, como hacen todos los pintores, lo había puesto alejado, hacia

la derecha, casi fuera del cuadro. ¿Por qué? ¿Por qué lo había dibujado con la nariz como el pico de un águila, con cara de gruñón y la boca hacia abajo mientras mira a la madre y a su hijo con ojos severos? Me recordaba a alguien… ¡Era igual que mi padre! Ya no soportaba más aquella mirada de severidad. Tenía más de 30 años y ya había aprendido un montón de cosas. Verrocchio me había confiado la pintura en su taller después de darse cuenta de que ya no lo necesitaba como maestro y, a partir de ese momento, ya podía trabajar por mi cuenta. Así que dejé que se secaran los colores y los pinceles en la iglesia de San Donato de Scopeto y, cuando llegó el invierno, sentí que debía marcharme. Tenía que buscar un protector, pero no sería difícil: ¿quién no necesita un genio?

Florencia ~ Milán
Ida y vuelta

De toda la gente poderosa que podía darme trabajo, había alguien que me interesaba mucho: Ludovico Sforza, un señor bien de Milán. Tenía mi edad y también era «ilegítimo», ya que había llegado al poder de una manera no muy correcta. Se hizo con el título tras la muerte de su hermano —aquel al que habían matado por error—, confiscando así el poder al heredero legítimo, su sobrino de siete años, Juan Galeas. Sin duda, la familia Sforza era tan complicada como la de los Medici (y la de los da Vinci también).

Ludovico tenía grandes proyectos. Los lombardos tienen un sentido práctico y piensan más en el trabajo que en hacer estatuas y pinturas bonitas; el ducado de los Sforza era muy rico, pero no les gustaba llamar mucho la atención. Ludovico quería inspirarse de la prosperidad de Florencia y ofrecer a sus súbditos algo de modernidad y refinamiento. Claro que le gustaban las cosas bonitas, pero sobre todo quería basar su autoridad inspirándose en la cultura y el arte de otros lugares: Venecia, Nápoles, Roma, Francia, el Imperio. Una tarea titánica para la que yo era el más indicado. Así que, cogí papel y pluma para escribirle una carta.

Si tuvierais que escribirle a un duque, ¿qué le diríais? ¿«Soy Fulanito, hijo ilegítimo del señor Menganito, y me gustaría trabajar para usted»? No, necesitaba algo más contundente… incluso, algo más grandilocuente. Tenía que enterarme de qué le gustaba. ¿Qué le interesa a un duque? La guerra, por supuesto, y también los monumentos que lo glorifiquen a él y a su familia. Estos son los proyectos que le ofrecí: barcos bombarderos para vencer a los enemigos, máquinas y obras de ingeniería para asediar ciudades, proyectos de canales y fortalezas.

Y el mejor de todos: el Monumento de bronce, con «M» mayúscula, el caballo más grande que jamás se había visto, con un gigante montado en la silla: su padre, el duque Francisco Sforza. La sombra de este monumento hubiera podido hacer callar las sospechas sobre su llegada al poder.

Si el Sforza quería nuevos edificios, yo podría diseñarlos también. Si le interesaban las estatuas, yo sabía fundirlas e incluso esculpirlas. Si le gustaba la pintura, también era pintor. En fin, un montón de cosas maravillosas que nunca había hecho, salvo la pintura. Había exagerado mi currículum pero había calculado bien el golpe. Un buen día, en 1482, Ludovico me invitó a Milán. La idea del caballo había dado en el blanco.

En la corte del Moro

La corte de los Sforza me gustaba mucho. Casi no tenía ninguna competencia, mientras que en Florencia no era tan fácil destacar con todos aquellos maestros en circulación. Ludovico me pagaba 2 000 ducados al año, un salario atractivo en comparación con los miserables 150 que ganaba en Florencia.

Pero no era solo el dinero lo que me interesaba, sino destacar: si Ludovico quería esconder su ilegitimidad gracias a la estatua del caballo, por mi parte, yo quería convertirme en el mejor de todos, en el maestro de maestros. En Milán, la «masa» de artistas era reducida, pero a la cabeza tenía que estar Leonardo da Vinci. Después supe que mi experiencia en Milán no se limitaría solo a la pintura. Aunque sea la forma más hermosa del arte, a la larga me puede terminar aburriendo. Hacen falta años para impresionar al público con un cuadro. Así que, si te quieres hacer notar rápido, nada mejor que organizar fiestas en los palacios o en la ciudad y ponerlas a la vista de todo el mundo. Y eso es precisamente lo que Ludovico el Moro estaba buscando.

1490

Y yo, con toda modestia, soy un excelente organizador de fiestas. Diseño trajes, compongo canciones, invento máquinas increíbles como el huevo que creé en 1490 para la fiesta de Isabel de Aragón: se abría y desplegaba un cielo salpicado de estrellas doradas, de planetas errantes y de signos zodiacales.

Grandes inventos y dulces madonas

demás de entusiasmarse con mis espectaculares inventos, a los milaneses les encantaban los personajes que pintaba, sobre todo la Virgen, a la que representaba como una mujer dulce y serena. En la corte de los Sforza había muchos ejemplos: Ludovico estaba rodeado de cortesanas jóvenes y bonitas, desenfadadas y simpáticas, pero también inteligentes. Hijas de familias importantes, discutían con hombres sobre filosofía, poesía y arte, lo que no era muy habitual en aquella época.

Tuve la suerte de hacer el retrato de algunas y tengo que decir que me sentía muy bien en su compañía. Por ejemplo, la dama que representé con un simpático armiño en brazos, gran amor de Ludovico el Moro y una de mis mayores admiradoras, escribió sobre mí: «En verdad, estimo que no hay otro igual», con eso quería decir que era muy difícil encontrar a alguien como yo. He aquí una mujer de espíritu claro: ¡había entendido bien que Leonardo era alguien especial!

La armonía de todas las formas

Era 1490, el mejor momento de mi vida en Milán. De hecho, uno de mis dibujos de aquel año representa la perfección. Inspirado por los estudios de geometría del romano Vitruvio, mi hombre en el centro de un círculo y un cuadrado demuestra que todas las formas pueden traducirse a la geometría (la ciencia perfecta). Esto solo concierne a la ciencia, claro, porque el hombre está muy lejos de ser perfecto… pero en sus formas, veo esa misma armonía maravillosa que caracteriza el cosmos.

En aquellos años pasaron muchas cosas, por ejemplo, tuve que pintar un cuadro dos veces de manera casi idéntica.

Los hermanos de la iglesia San Francisco el Grande de Milán querían una obra «moderna», no por los personajes (la Virgen con el Niño Jesús y san José), sino por los colores: querían una pintura al óleo, ya que esta técnica, importada desde hacía décadas desde el norte, era más suave que la témpera, que se consideraba más «rígida». Yo era la persona indicada: en el taller de Verrocchio me había convertido en todo un maestro en el uso de esos colores.

Pero imagino que las malas lenguas habían alertado a los hermanos de que Leonardo da Vinci era de ese tipo de artistas que no terminan sus obras. Así que, me pusieron a dos pintores milaneses de vigilantes. Pero no me molestaba, al contrario: los hermanos Predis, como los buenos asistentes que eran, me ayudaban a ganar tiempo y así yo podía dedicarme a cosas más importantes. Juntos trabajábamos a la perfección, puede que incluso demasiado… el cuadro era tan bonito, tan precioso, que una vez terminado, consideré que valía más de los 200 ducados que habíamos acordado. Así que me negué a entregarlo y se lo vendí a un coleccionista privado por algo más de dinero. Pero los hermanos no se lo tomaron a bien, así que, junto a Ambrogio de Predis, terminé pintando otro casi igual. Entre unas cosas y otras, los pobres franciscanos tuvieron que esperar veinte años para colgar el cuadro encima del altar…

1490

El gran caballo

Volvamos ahora a los encargos que en aquellos años me ocupaban más tiempo. Por ejemplo, el gran caballo, un proyecto emocionante… ¡que me dio mucha guerra!

Como ya os he contado, Ludovico el Moro quería crear un monumento grandioso para demostrar su legitimidad como duque. La talla de la estatua se anunciaba tan titánica como su realización: había que fundir 100 toneladas de bronce a 1 000 ºC en un molde tan grande como una casa, metido en una jaula con tubos por donde entraría el metal. Una misión imposible que nunca se había hecho hasta entonces: qué felicidad para mí…

Trabajé durante años para afrontar el desafío. ¿Cómo hacer que el bronce líquido bajara hasta el fondo del molde antes de enfriarse? ¿Cómo hacer para que un caballo de siete metros de altura se mantuviera de pie con un gigante montado en la silla? Hacía falta toda una serie de ideas geniales, poner en práctica todo lo estudiado hasta entonces: los minerales, los metales, las fuerzas, las formas de la naturaleza, la anatomía… Ideé un número infinito de proyectos. Tuve que cambiar de idea y hacer que el caballo no tuviera levantadas las patas delanteras. Llamé a mis asistentes. Por supuesto, todo aquello me estaba llevando años, ¿pero quién diría que no hubiera que trabajar tanto? ¡Que Leonardo da Vinci no termina sus obras! Al final, toda esta historia terminó con un golpe de suerte, una fatalidad o mala suerte: os dejo elegir lo que os parezca más apropiado.

Aunque siempre me ha gustado fabricar bombas, fortificaciones y defensas, odio la guerra de verdad. Y eso es precisamente lo que provocó el final de mi gran caballo, y también el mío. Casi diez años desde el inicio de los trabajos, en 1494, Ludovico decidió utilizar mi bronce para hacer cañones que utilizaría para combatir a los franceses que habían decidido acabar con la ilegitimidad del duque de Milán. ¡Qué desperdicio! Ludovico perdió la guerra: el ducado y su maravilloso caballo se esfumaron. Por suerte, ya había hecho un molde en arcilla en talla real de mi monumento; estaba tan conseguido que lo expusieron en el castillo de los Sforza durante algunos años, lo que me permitió que muchos de mis admiradores me recordaran durante mucho tiempo. Era tan grande que incluso los soldados franceses más miopes acertaban siempre cuando se divertían utilizándolo como diana… Tengo motivos para odiar la guerra, ¿verdad?

Una nueva familia

Como todo artista que se precie, yo también había abierto un taller y había contratado asistentes; algunos incluso se convirtieron en artistas famosos. Ellos eran mi verdadera familia, al contrario que los Vinci, a los que no veía desde hacía años. Entre los recién llegados, dos en particular se convirtieron en personajes importantes de mi vida, y digo bien «personajes» porque parecían salidos de una novela de caballerías: uno era el Hermoso (y ladrón), el otro era el Mago (y loco).

Empezaré por el primero, que tuve bajo mi protección desde 1490. Tenía 10 años y su nombre era Gian Giacomo, aunque yo le llamaba Salai, como uno de los diablos de un libro muy conocido en aquella época, Morgante, de mi compatriota Luigi Pulci. Este nombre le viene como anillo al dedo: este granuja era, ¡y sigue siendo!, la persona más embustera que jamás he conocido. Un ladrón nato y un mentiroso, que a veces hasta me hizo pasar vergüenza en la corte de los Sforza; sin embargo, yo le perdonaba todo. Admiraba, incluso envidiaba la facilidad con la que Salai obtenía lo que quería… al contrario que yo, que tardaba años en alcanzar mis objetivos.

Le di una casa, ropa, un trabajo y una familia y yo aprovechaba sus cualidades innatas que me parecían divertidas en un mundo tan rígido como el de la corte. Era muy divertido ver cómo los soldados gruñones se miraban los bolsillos justo después de cruzarse con él.

Salai era el Hermoso, y además lo utilicé muchas veces como modelo para mis dibujos y pinturas. Si queréis saber cómo era este diablillo, veréis que sale muy favorecido en el cuadro *San Juan Bautista* que acabo de terminar en Francia: os daréis cuenta de que el santo es muy distinto al hombre delgado y barbudo que se representa normalmente…

Zoroastro, mi amigo el mago

Tenía otros asistentes, como Tomasso Masini, conocido como «Zoroastro» (el antiguo nombre de un mago persa). Era el Mago. Afirmaba ser el hijo ilegítimo de un padre rico y noble (¡anda!, ¡eso me recuerda a alguien!), pero estaba muy lejos de parecer un hombre de la corte: era gordo, tenía la piel oscura y era barbudo; no se lavaba mucho y no se peinaba nunca. En la corte de los Sforza trabajaba conmigo como forjador y experto en moldeado, pero su actividad más interesante era precisamente la magia. Adivinaba el futuro y sabía leer las estrellas; también manipulaba ojos de lobo, baba de perros rabiosos, huesos y hierbas que recogía por la noche. Contaba historias de brujas y fantasmas que decía haber vivido, tan increíbles que la gente se las creía de verdad. Para mí eran cuentos absurdos, pero cuando lo veía preparar los colores, encorvado sobre el mortero con mirada de loco, parecía todo un brujo.

Las malas lenguas decían que estábamos hechos el uno para el otro, porque los dos éramos excéntricos, y es verdad que teníamos muchas cosas en común.

Él no comía carne porque no le gustaba tener que matar animales y yo pensaba lo mismo, ¡no soporto siquiera verlos encerrados! De hecho, a veces compro pájaros enjaulados para liberarlos: me miran raro, pero estoy seguro de que un día la gente hará lo mismo que yo… solo soy un avanzado a mi tiempo. Además, Zoroastro lo daba todo por sus amigos, como veréis más tarde. Con tantas bocas que alimentar, no podía estar sin trabajar en Milán. Además, entendía por qué los milaneses trabajaban también durante las fiestas. Todo era muy caro y los pagos tardaban en llegar; así que tuve que recurrir a Ludovico Sforza y no es divertido molestar a un duque.

1492

Por supuesto, no vivíamos en un sótano mohoso, no nos alimentábamos de pan y agua y no íbamos vestidos con harapos, al contrario. Pero tuve que tomar una decisión: tenía que volver a pintar, aunque no tuviera ganas. Fue pensando en mi «familia» tan numerosa por lo que acepté pintar otro cuadro, aunque presentía que tarde o temprano podría arrepentirme.

Una Cena importante

Para ser exactos se trataba de un fresco, una técnica más antigua que Matusalén que a mí no me gustaba nada de nada. Es una técnica que exige ir pintando por zonas, sobre una capa húmeda, antes de que se seque, durante un día como máximo. Imaginaos, yo que trabajo tan despacio… así que decidí experimentar con una especie de cera que ponía sobre la pared para evitar que esa capa no absorbiera el color.

Haciéndolo así podía pintar tranquilamente, a un ritmo leordanesco: algunos días pintaba de la mañana a la noche; otras veces, desaparecía una semana entera o daba alguna que otra pincelada a mediodía. Esta pintura para el refectorio de Santa María de las Gracias se estaba alargando: tres años en total, desde 1495 hasta 1498.

En mi defensa diré que el fresco incluía muchos personajes (Jesús y los doce apóstoles), ya que tenía que representar *La última Cena*.

No es tarea fácil pintar trece rostros con expresiones distintas, veintiséis brazos y manos haciendo gestos, el mismo número de piernas y pies bajo una mesa repleta de alimentos. Para reproducir la variedad de la vida real sobre una pared grisácea y fría, pasé horas y horas en la calle esbozando retratos de gente corriente.

Como durante mi juventud en Vinci, llenaba hojas y hojas
con mis bocetos y por eso algunos de aquellos desconocidos se
encuentran representados a trozos: la nariz de Andrés, la barbilla de Mateo,
la frente de Tadeo…

Un verdadero milagro... a medias

El resultado fue extraordinario. Ante *La última Cena* todo el mundo se quedaba boquiabierto. Solo faltaba el ruido de los platos, el de los cubiertos y las voces… Era como si Jesús y sus apóstoles estuvieran allí de verdad, en medio de una charla después de cenar.

Una pena que la técnica que había inventado resultara ser un desastre. Puede que la pintura del fondo estuviera demasiado encerada, puede que la pared no fuera del todo apropiada, ya que al otro lado estaba la cocina de los monjes, llena de vapor… ¡No era el lugar más indicado para que la pintura se secara bien!

Lo que está claro es que los colores empezaron a degradarse muy pronto y la vivacidad de mis personajes empezó a palidecer. En la pared, Jesús y sus apóstoles parecían estar descomponiéndose y envejeciendo día tras día. ¡Qué desastre!

Este nuevo problema me pareció una señal de alarma. Pero todavía había algo peor: Ludovico el Moro, derrotado, había sido apresado al otro lado de los Alpes, así que me quedé sin trabajo, una situación que no le desearía a nadie en la trabajadora Milán. En 1499, la ciudad pasó a mano de los franceses y yo con ella. ¿Hubiera podido quedarme al lado de Ludovico el Moro? ¿Pero qué hubiera podido hacer por él?

Un turista en Venecia

En la corte de los Sforza trabajaba como ingeniero, escultor, pintor, inventor de máquinas extravagantes, músico y un poco de todo, ¡pero no como político! Tenía que alimentar a mi familia. Así que me presenté ante el nuevo señor de Milán, un gentil rey francés que reinaba con el nombre de Luis XII, con quien enseguida me entendí de maravilla. Así fue como a mis 48 años empecé a pensar que Francia podría ser un buen lugar en el que envejecer feliz. Allí había un rey para el que trabajar, calcular, inventar cosas magníficas para la felicidad de todos. ¡Era una visión más profética que inspiradora!

Me fuera a Francia o no, en Milán el ambiente se había vuelto muy tenso, así que aproveché para hacer un pequeño viaje. Pasé por Mantua, donde empecé a pintar el retrato de Isabel de Este. Digo que «empecé» porque, como siempre, tenía prisa. La bella marquesa todavía me está pidiendo que termine su retrato y si no, que le pinte uno más pequeño. No fue fácil decirle que no, pero estoy seguro de que a Isabel no le faltaban retratos porque su corte estaba repleta de artistas.

También quise ir a Venecia para dar rienda suelta a mi pasión por los libros. Allí podían encontrarse desde hacía tiempo imprentas de tipos móviles, que permitían hacer tiradas de cientos de ejemplares de un libro en lugar de copiarlo a mano de la primera a la última letra, pero aparte del hecho (yo diría «el defecto») de que esta idea brillante no era mía, sino de un tal Gutenberg de la ciudad de Maguncia, era el sistema con el que siempre había soñado porque los libros impresos son menos caros y mucho más fáciles de encontrar que los manuscritos. Gracias a esta técnica, hubiera podido estudiar, aprender latín y no sentirme avergonzado por ser un *omo sanza lettere* (un hombre sin cultura), a ojos de la gente importante. Además, la imprenta me hubiera permitido publicar mis escritos científicos: cientos y cientos de páginas ennegrecidas de preciosas notas y dibujos, pero que tenían dos problemas importantes: las había escrito en sentido inverso y eran todo un jaleo… una página por aquí, una página por allá, otra metida entre otras mil.

La ciudad de los canales me atraía también porque estaba amenazada por su enemigo de siempre, el Imperio otomano: una desgracia para la ciudad, pero una suerte para mí porque tenía todo un catálogo de obras defensivas que años atrás le había ofrecido a Ludovico el Moro en mi carta de presentación.

Pero los venecianos son muy prudentes: se preocupan por sus riquezas y se esfuerzan todo lo posible para protegerlas y preservarlas. Así que, para defenderlas me dieron algo de trabajo, algunos proyectos de canales para inundar las llanuras e impedir la invasión de los otomanos; pero precisamente para preservarlas, no me dieron un trabajo fijo porque así no tenían que pagarme por tiempo indefinido.

Golpes de ciego

Al final resulta que hasta en Venecia estuve dando golpes de ciego. Sin un sueldo fijo y ninguna posibilidad de mudarme a alguno de esos edificios caros sobre los canales. Además, Venecia no era como Milán. A mi llegada ya estaba llena de grandes pintores, así que ya me hubiera costado trabajo encontrar trabajo y pagar el alquiler. En ese punto, lo único que podía hacer era volver a Florencia, pero no tenía ningunas ganas.

Lorenzo el Magnífico y la familia Medici también habían caído. En la ciudad había nuevos señores con los que tenía que empezar desde cero. Conocer a uno, codearme con otro, presentarme a otro más y así. Pero sobre todo, había una persona con la que podía cruzarme en Florencia, aunque en aquella época esa persona estaba en Roma.

Era un escultor, no demasiado guapo, descuidado, reservado y terriblemente altanero; que parecía hacer todo lo posible para resultar antipático.

Sin embargo, Miguel Ángel tenía talento. Esculpía la piedra cuchicheando y escupiendo, con polvo hasta las orejas, pero cada estatua que hacía era un milagro. Entre sus manos, el mármol se convertía en una persona.

Y también pintaba con el mismo furor y el mismo talento. Es verdad que no era muy amable, pero también es cierto que la vida no le había tratado demasiado bien.

Provenía de una familia que no sabía qué hacer con aquel niño serio y cuando tenía 12 años lo enviaron a la ciudad para que aprendiera una profesión. Después de todo, estábamos en el mismo barco, pero yo estaba un poco celoso: mientras que él tenía éxito en Roma, Florencia y Bolonia, yo estaba en Venecia sin saber qué hacer. Tenía que volver.

Ya estábamos en el año 1500. Después de todos aquellos años, aún no había encontrado mi sitio. Ninguna de mis creaciones había durado, ninguna de mis mejores ideas se había hecho realidad y algunas de mis obras se habían quedado inacabadas. Nada sorprendente de todas formas. En períodos de crisis, mi cabeza fabricaba tantas ideas que me costaba trabajo gestionarlas todas, así que hice las maletas porque pensaba que después de tantos fracasos solo me quedaba una salida: hacer algo que pareciera imposible. ¿Y que es algo que pueda parecer inimaginable? Por supuesto: ¡un hombre volador!

Todos los caminos llevan a Francia

Volar como un pájaro. En realidad, es un sueño tan antiguo como el hombre y en él llevaba ya pensando muchos años. Estando en Milán ya había empezado a interesarme por el tema, pero tenía demasiadas cosas que hacer, así que dejé de lado la ciencia del vuelo esperando «un momento mejor»… es decir, un período de inactividad.

Y ese momento llegó.

Las colinas toscanas, me decía, eran perfectas para saltar al vacío con un par de alas. En Milán y en sus alrededores no había nada así, ni tampoco en Venecia, donde lo más alto eran los campanarios. Ya había hecho algún experimento que otro sin que nadie me viera: un artefacto pesado, realizado con trozos de madera flexibles y tela, como las alas esqueléticas de los murciélagos. El hombre-pájaro tenía que colocarse en ese aparato,

sujetar las alas como si fueran remos y lanzarse desde lo alto agitando rápidamente los brazos. Ya decían de mí que era alguien original, así que imaginaos si alguien me hubiera visto tirándome desde un tejado, con mi capa y mis calcetines largos, batiendo las alas… soy un hombre deportista, pero me gusta guardarme las espaldas, en todos los sentidos. ¿Es más doloroso que se rían de ti o caerse al suelo? Ante la duda, lo mejor era seguir experimentando.

Cuando llegué a la ciudad me alojé en un convento. Un lugar hermoso y tranquilo, no muy alejado de la iglesia de Santa María del Fiore con su magnífica cúpula, con la esfera dorada que Verrocchio había realizado y construido, a más de 100 metros del suelo, con la ayuda de un joven Leonardo da Vinci. ¡Qué nostalgia! Verla brillar me daba ánimos… ¡y era justo lo que necesitaba!

El David, Miguel Ángel y yo...

Pasaron muchas cosas en la ciudad. Algunos años antes, los Medici, gracias a los que había empezado mi carrera, habían sido expulsados de Florencia. Poco después, su sucesor, un tal hermano Savonarola, había sido quemado en la hoguera. Un poco más adelante, mi padre se fue a vivir al Arno con otra esposa (la cuarta) y una tropa de hijos.

Aquellos años, el número de artistas había aumentado aún más en Florencia, así que yo era otra vez uno más entre tantos. Pero sobre todo, entre ellos, estaba Miguel Ángel.

No hizo falta mucho tiempo para que nos peleásemos. Fue en 1502, o puede que en 1503. Un domingo que estaba paseando con un amigo, pasé delante de un grupo de personas que discutían sobre un versículo del poeta Dante (junto con los caballos, los torneos y los juegos de pelota, el autor de *La Divina Comedia* estaba en el centro de las conversaciones de los que tenían tiempo que perder). Uno de ellos me llamó y me preguntó mi opinión. Confieso que Dante me parece un poco aburrido, así que no sabía qué responder. Miguel Ángel apareció por la esquina de la calle, andando con paso ligero y murmurando solo. La ocasión ideal para incluirlo en la conversación, causarle buena impresión y salir de aquel avispero. «Miren quién viene por ahí. Preguntémosle a él».

Aquello no le gustó y literalmente explotó, me dijo de todo e incluso se rio de mí por el incidente del caballo de Ludovico el Moro. ¡Como si fuera mi culpa! Me puse rojo de rabia, de vergüenza… hay que decir que, por una vez, Miguel Ángel llevaba razón.

Encajé el golpe con elegancia (¡por lo menos había esquivado la pregunta de Dante!), pero aquello reavivó un rencor eterno. Miguel Ángel había esculpido en nada de tiempo estatuas de una belleza tan extraordinaria que jamás hubiera podido rivalizar con él.

Por ejemplo, el David: aquella estatua perfectamente compuesta me había puesto tan celoso que cuando el consejo municipal preguntó a los artistas más famosos cuál sería su emplazamiento perfecto para glorificar Florencia, yo dije que la pusieran a la sombra, en un rincón casi escondido. Ya sé que no fue juego limpio… de todas formas, era consciente de que tenía cosas que aprender de mi rival gruñón: por ejemplo, ser más rápido en mi trabajo.

1502

Al servicio de César

D e todas formas, yo tenía otros proyectos para distraerme de las contrariedades. Por ejemplo, los de tipo militar que siempre estaban «de moda». Hubiera podido buscar trabajo en Francia, en España, en Venecia, en Roma, en Milán, en Nápoles o incluso en Florencia, para no dar ningún paso en falso. Pero en aquella época había un personaje muy importante, César Borgia. Era un hombre joven y avispado y con una cualidad que en aquella época era garantía de éxito: saber tomar todas las disposiciones necesarias (en general las peores) para lograr sus objetivos.

Fue él quien condujo a los franceses a la conquista de Milán (y, por tanto, a la destrucción de mi caballo), pero a mí me parecía interesante por tres razones: primero,

parecía decidido a luchar hasta el final para agrandar el reino de su padre; segundo, su padre era el pontífice Alejandro VI; tercero, él también era hijo ilegítimo…

En 1502, Borgia se acercaba a Florencia con sus tropas, devastando todo lo que iba encontrando a su paso. No soy un hombre de política, así que me abstengo de jugar estas prácticas; simplemente pensaba que César no era mejor ni peor que sus enemigos, así que le propuse mis servicios como ingeniero militar. Una vez más, tuve un golpe de suerte: el Valentino me nombró arquitecto e ingeniero general —¡queda genial como título! — y

yo estaba en Romagne para diseñar nuevas defensas para él. Pero mi suerte duró un suspiro: Borgia había desencadenado una tempestad tan grande de guerras que terminó llevándoselo a él por delante. Después de haber ganado batallas gracias a mis máquinas de guerra, César Borgia se encontró aislado tras la muerte de su padre. Detenido por el nuevo papa, que ya no era un miembro de su familia, se escapó y lo atraparon varias veces; un año más tarde, encontró la muerte en la guerra, el lugar en el que había vivido siempre. En el momento de su caída, lo único que yo sabía era que, por tercera vez, volvía a estar solo.

Un pequeño resumen

Carro cubierto (1485)

Antes, en la guerra se usaban lanzas y espadas. Actualmente, hay cañones y armas que no juegan demasiado limpio contra las que hay que defenderse con una buena protección. He aquí mi idea: un carro blindado de madera y metal que desvía el ataque enemigo y permite avanzar en cualquier dirección. Puede que ahora no, pero creo que en el futuro mi carro de asalto tendrá cierto éxito…

Diferencial (1478)

Cuando invento máquinas, evidentemente no pienso solo en la guerra, aunque mis clientes más belicosos, como César Borgia, encuentren siempre una manera de transformar cualquier invento en arma. Mi diferencial es un sistema de engranajes que equipa las ruedas de los carros, ya sean normales o innovadoras como las de mi carro automotor.

de grandes inventos

Ballesta gigante (1500)

«Pensar a lo grande», ese es mi lema… entre otros muchos. La mía es tan grande como cincuenta ballestas normales juntas y está dotada de ruedas para poder moverla. Se carga gracias a un tornillo que he inventado y puede tirar flechas, piedras (o mejor incluso, granadas, también de mi cosecha) a kilómetros de distancia. Una única duda: ¿no resultará más aterradora que devastadora?

Carro automotor (1480)

Este carro se desplaza solo, sin tener que ser tirado por bueyes o caballos. Para que funcione hay que cargar un resorte que acciona las ruedas mediante diferentes engranajes. Lo inventé para transportar los decorados de teatro, pero con algunos ajustes podría convertirse en un nuevo invento. Ya tengo un nombre en la cabeza: me gustaría que se llamara «automóvil».

La dulce Gioconda

Zoroastro decía que yo era gafe. Soy matemático por naturaleza, así que no soy una persona supersticiosa, pero después de fracasar en tres intentos, solo podía darle la razón. De vuelta a Florencia y después de haber trabajado para el enemigo, no me tenían en demasiada estima. Pero, como suele decirse, no hay mal que por bien no venga. Como el señorío me iba dando pequeñas tareas de nada, me vi obligado a buscar clientes como pintor. Y fue, precisamente, gracias a la pintura por lo que me encargaron un trabajo que literalmente me cautivó. Se trataba del retrato de la esposa de Sir Francesco del Giocondo, un honesto mercante de seda que conocía mi padre. Imagino que no hizo caso a las tonterías que mi «querido papá» contaba sobre mí… Así que, más o menos en 1503, se dirigió a mí para hacer el retrato de la recién casada.

Lisa era una descendiente de los Gherardini, una antigua y noble familia, pero que se había empobrecido. Su nobleza seguía siendo evidente, si por «noble» entendemos una persona generosa, leal y sincera: Lisa era (y sigue siendo) la persona más distinguida que haya conocido jamás. Parecía venir de un mundo diferente al nuestro, más dulce y más duro. Yo estaba fascinado, por no decir trastornado; iba corriendo a verla cada día para inmortalizar su belleza discreta pero verdadera, profunda.

En fin, seguro que lo habéis entendido: Lisa Gherardini fue la única mujer a la que podría haber amado y sí, incluso me hubiera casado con ella. Podéis entender por qué este cuadro es tan especial para mí. Después de darle el retrato a Francesco, me quedé con la sonrisa de Lisa gracias al modelo que había hecho antes.

La historia del cuadro no acabaría aquí.

Con las alas de Ícaro

En el otoño de 1503, me hicieron un nuevo encargo: pintar dos episodios gloriosos de la historia de Florencia en el Palazzo Vecchio, el más importante de la ciudad. Estaba a cargo de la batalla de Anghiari, una victoria en contra de los milaneses de hacía unos 60 años. Me gustaba esta idea porque podía llenar la escena de caballos (pues sí, a pesar del caballo de los Sforza, ¡me siguen gustando muchísimo!). La otra obra era la batalla de Cascina, combate contra Pisa de hacía casi 150 años. Para la realización de estos cuadros, la ciudad había pensado en un desafío, una especie de competición entre dos campeones. La cosa me halagaba un poco: eso quería decir que me consideraban un genio. ¿Pero quiénes eran los campeones del arte en Florencia? Miguel Ángel y yo, ese era el problema.

Así fue como empezó uno de esos malditos duelos que yo intentaba evitar, intercalado además con una tragicomedia familiar y un accidente de trabajo. En 1504, Sir Piero de Vinci, notario en Florencia y mi padre natural, murió a los 80 años. Había dedicado su larga vida a buscar el provecho y el prestigio, pero también a proteger a sus herederos legítimos.

Aquel día, todos los fantasmas de mi triste pasado se me aparecieron. Hasta el final, nunca quiso legitimar mi nacimiento, y me dejó sin un duro, sin ni siquiera una despedida. Pero sobre todo —y lo peor— sin posibilidad de demostrarle que Leonardo había triunfado en la vida, sin haber seguido sus pasos.

Más tarde hubo un accidente. En medio de todo aquel jaleo, yo había construido con Zoroastro una especie de pájaro con trozos de madera, cuerdas de cáñamo, tripas de cerdo y una tela. Para probar mi máquina voladora, elegí una colina que me daba buenas sensaciones, el monte Ceceri, cerca de Florencia, cuyo nombre significa «montaña de los cisnes».

Un día, subimos a la cima y Zoroastro, como un verdadero amigo, se ofreció voluntario para probar la creación. Tomó impulso y se lanzó al vacío gritando: «¡Me voy a matar!». Y el gran pájaro, en vez de alzar el vuelo como estaba previsto, emprendió un descenso en picado como si fuera un halcón hacia su presa.

Pero por suerte, no, no se mató, «solo» se rompió una pierna (y también puede que un pie, creo). Tuvimos que abandonar el proyecto, ¡pero fue un éxito total!

Leonardo contra Miguel Ángel

El acontecimiento más importante de los años 1504-1506 fue el duelo entre Leonardo y Miguel Ángel. El escenario del desafío era la sala del Gran Consejo, en el corazón mismo de Florencia: una gran sala rectangular que resonaba como una cueva.

La habitación era gigantesca y el trabajo de decoración que había que hacer también lo era: solo para transferir los dibujos preparatorios a una pared de aquel tamaño hubiera hecho falta una cantidad de modelos que me hubieran llevado siglos. Así que tuve dos ideas revolucionarias. Primero, trabajar con modelos tan grandes como la pared; después, inventar una nueva mezcla para acelerar la pintura, por supuesto de mejor calidad que la que había experimentado en Milán. Dos apuestas arriesgadas, ¿no os parece? Es verdad, y por eso trabajé con más entusiasmo que de costumbre. El desafío había comenzado.

Miguel Ángel,
eterno adicto al trabajo,
trabajaba incluso el día de
Año Nuevo. Para mí el ritmo era
más tranquilo, incluso si para mi
gusto, ya era demasiado.

Había realizado mis modelos
gigantes y la nueva mezcla. En la sala
del Gran Consejo, había hecho construir
el puente para trabajar. Me había hecho
de un carro para transportar con cuidado
los modelos hasta el Palazzo Vecchio, que estaba
bastante lejos del sitio en el que los había fabricado. Hice llegar los materiales,
los colores, los pinceles, la brea, el aceite, e incluso los trapos.

La tormenta del siglo

Despacio pero con paso seguro, iba ganando la competición. Sobre todo porque en un momento dado, en la primavera de 1505, Miguel Ángel se fue a vivir a Roma para trabajar al servicio del papa. Una buena noticia por lo que significaba: primero, no tenía que encontrármelo todos los días; segundo, no era el único que dejaba el trabajo sin terminar; tercero, hubiera ganado el gran desafío.

Pero por otra parte, le envidiaba porque había sido contratado por el mismísimo papa. Roma ya no era lo que había sido, pero seguía estando en el punto de mira (¡y allí había mucho dinero!).

De todas formas, no era el momento de parar y, además, todo iba de maravilla. Hasta que llegó el viernes 6 de junio de 1505, una fecha tristemente grabada en mi memoria. Era el gran día. Los modelos gigantescos estaban en su sitio, el puente era sólido como una montaña, los pinceles estaban listos. El cielo estaba cubierto pero no me preocupaba porque así mi mezcla de colores aguantaría húmeda más tiempo. Me subí al andamio, cogí el pincel y lo puse sobre la superficie con suavidad y ¡patatán!... sonó un trueno. Era una tormenta a la que siguió un diluvio como no se veía desde hacía un siglo y que redujo mis modelos a papel maché. Un desastre total.

Tuve que remangarme, poner todo en orden y empezar de nuevo. Me pasé todo el verano trabajando con Zoroastro (sus piernas le habían vuelto a funcionar) y poco a poco, las primeras figuras empezaron a aparecer: una amalgama de caballos y caballeros que libraban un combate feroz.

Los florentinos volvían a estar extasiados ante una de mis obras, y además, el recuerdo de aquella antigua victoria los consolaba de la reciente derrota sufrida en septiembre bajo las murallas de Pisa.

A medio camino en el viaje de la vida

Aunque la decoración de la sala del Gran Consejo iba bien, en mi interior no estaba tranquilo. Mi juventud había pasado. Cuando se tienen 54 años no hace falta ser matemático para saber que no se vivirá muchos años más. Ya había recorrido más de la mitad de la vida y me encontraba perdido. Estaba en Florencia, donde había empezado, lejos de aquel rey, de aquel papa o de aquel emperador que me hubiera permitido alcanzar una fama universal. Además, estaba Salai, que como asistente de taller no era nada cuidadoso, así que me costaba mucho más caro que todos los demás juntos. Incluso Zoroastro se reía de mí diciéndome que aquel chico me había hecho perder la cabeza. ¿Quién sabe? Por suerte, tenía tratados que escribir, mis matemáticas y, en fin, entreveía la satisfacción de ver mi nombre impreso sobre uno de aquellos libros que eran mi verdadera pasión.

Con el otoño llegaron de Roma noticias frescas. En la ciudad del pontífice, Miguel Ángel hacía milagros. Golpeaba el mármol con tanta fuerza que le daba vida a la materia muerta, y lo mismo hacía con la pintura. No pintaba hombres y mujeres, sino gigantes. Y su cuenta bancaria era igual de enorme. Era demasiado. Si trabajar para Florencia significaba que Leonardo da Vinci tenía que vivir con una miseria, era hora de marcharme de nuevo. ¿Pero a dónde? Desde hacía meses, los franceses me invitaban a trabajar en Milán, al servicio de una corte más espléndida que la de Florencia, puede que por la generosidad del rey. A principios de 1506, cedí a la tentación.

Y así fue como me marché. El señorío de Florencia no estaba contento, extendía el rumor de que me había ido con el dinero de los adelantos y hacía todo lo posible para que volviera. Pero las ventajas de ser invitado por un rey son muchas: una carta de Luis XII de Francia fue suficiente para calmar su enfado.

1506

Así que me quedé en Milán para trabajar en los proyectos que los franceses me habían encargado: un monumento ecuestre para el soldado Giacomo Trivulzio (otro caballo, maldita sea, aunque más pequeño que el de Ludovico el Moro), la restauración de las fortalezas milanesas puestas a prueba por tantas guerras (mi querida ciencia militar), así como los cuadros para nobles franceses (eso me entusiasmaba menos, pero el rey estaba entre los patrocinadores).

Todos mis códices

Los reyes de los cuentos de hadas pueden existir en la vida real y, sin duda, Luis XII era uno de ellos. Primero, me devolvió todas las propiedades que Ludovico el Moro me había dado y que me confiscaron después, al ser él derrocado. La familia de Salai, tan ladrona como él, se apoderó de ellas de inmediato, pero me daba igual porque, como siempre, yo estaba pensando en otra cosa. Por ejemplo, en los libros. Ahora que era el protegido del rey, ya nadie venía detrás de mí para meterme prisa con la urgencia de un trabajo. Y

lo mejor, para Leonardo da Vinci, las bibliotecas y las imprentas nunca cerraban: por fin podía pensar en imprimir mis tratados sobre el vuelo, la óptica, la anatomía…

Pero antes tenía que poner orden en todo aquello. Según mis cálculos, me harían falta más de 70 años para lograr mi objetivo. Así que necesitaba ayuda… entonces conocí a Gerolamo Melzi, el capitán militar de Milán, un hombre brillante, de una gran sensibilidad y padre del hijo que cualquiera hubiera querido tener. Se llamaba Francesco, como mi tío. Con 17 años ya

había estudiado mucho y se le notaba. Cultivado, bien educado, serio, tranquilo y maduro, también tenía debilidad por el arte. Aunque lo describo como un intelectual, además era tan gracioso que le caía bien a todo el mundo. Si había alguien en toda Italia que me pudiera ayudar, era el joven Melzi. De hecho, Francesco se convirtió en mi asistente número uno.

Aquel verano, creo que era en 1507, mi tío Francesco murió. Aquello fue como perder a un padre, a un hermano y a un amigo a la vez. El tío Francesco me había dejado gran parte de sus bienes. No había nada malo en eso, al contrario. Una pena que su difunto hermano (mi padre, claro) le había hecho jurar que dejaría todo a sus otros hijos. Apenas dos días más tarde, la viuda de Sir Piero da Vinci y su tropa de «simpáticos» hijos se me echaron encima, declarándome la guerra a golpe de abogados y tribunales. Y así fue como los fantasmas de las madrastras y los medio hermanos maléficos que se me aparecían por la noche en mi infancia se hicieron realidad.

Un tal Rafael de Urbino

Durante casi un año no paré de trabajar. Pasé la mitad del año 1507 y una parte del 1508 haciendo el viaje de ida y vuelta entre Milán y Florencia para ir detrás de una herencia que en realidad no me importaba, pero no quería que me pasaran por encima. Para defenderme, llamé a la puerta de todas las personas importantes que conocía en Milán y en Florencia, como la del cardenal Hipólito de Este.

1508

Al final, hasta pensé en recurrir a la magia. Pero no la que os estáis imaginando, sino más bien la magia real: el poder de un rey que puede hacer realidad cualquier deseo. Le pedí a Luis XII que se pusiera de mi lado. Hay que tener mucha cara para pedirle un favor así al rey de Francia, pero como cualquier rey de cuento de hadas que se precie, enseguida puso fin al problema. Gané el pleito y volví a Milán con una sonrisa. Que los hijos del señor Piero da Vinci disfruten de su triste prestigio… ¡me apuesto a que dentro de 500 años el mundo entero se acordará más de mí que de ellos!

Entre tanto, Miguel Ángel también iba y venía de Florencia, trabajando (y discutiendo) tanto para el señorío como para el papa. Lo único que no había cambiado eran los frescos del Palazzo Vecchio, abandonados tal y como los habíamos dejado. El gran duelo entre Miguel Ángel y Leonardo se había desinflado, abandonado por los dos contrincantes. Miguel Ángel en Roma, Leonardo da Vinci en Milán. Para la orgullosa República era una humillación verse abandonada por los dos artistas que se suponía que tendrían que celebrar su gloria. Un golpe duro, pero que se prolongó poco. Como el búho se apropia de la cueva que ha abandonado la ardilla al final del verano, un nuevo talento llevaba colmando nuestro vacío desde hacía años.

Venía de Urbino, se llamaba Rafael y tenía todo lo necesario para contentar a Florencia. Lo que había llevado a Rafael a la ciudad fue precisamente la confrontación entre Miguel Ángel y yo, los dos artistas más modernos y famosos de la época. Él tenía 20 años y nosotros éramos dos referentes para él. Tengo que admitir que se las apañó muy bien porque no tardó mucho en conquistar Florencia. En lo que a mí respecta, me halagaba su admiración. Gracias a la eficacia de su taller, Rafael hacía obras maestras en cadena, las suficientes para satisfacer al señorío durante años. ¡Qué liberación! Personalmente, ya había perdido el interés en ser el artista más famoso de Florencia. Prefería disfrutar de mi libertad; el día en el que me di cuenta de eso, comprendí que me estaba haciendo mayor.

En la Roma del papa

En la primavera de 1508 volví a Milán con un estado de ánimo espléndido y grandes proyectos en mente, pero en aquel momento ¿qué pasó? Algo más raro que un eclipse solar. De repente, todo el mundo dejó de luchar en la guerra y se alió para echar a los franceses de Italia. Fueron cuarenta años infernales. Un día, Francia ganaba, al día siguiente perdía. Un día, se aliaba con unos y al día siguiente, con otros. En un momento dado, los enemigos llegaron a Milán y todos tuvimos que refugiarnos en el campo, en la villa de Melzi. Y para terminar, tras una enorme masacre, los franceses fueron expulsados.

En Florencia, los Medici habían vuelto y los Sforza habían retomado sus posesiones de Milán… exactamente igual que antes de todo aquel jaleo. Yo ya no sabía a quién dirigirme. ¿Tenía que quedarme en Milán? ¿Pero qué hubiera dicho el joven Maximiliano, hijo de Ludovico el Moro, sabiendo que era amigo de sus enemigos franceses? ¿Tenía que volver a Florencia, donde los Medici, aliados del pontífice, estaban de nuevo en el poder? Juan y Julián, los hijos de Lorenzo el Magnífico, que había sido amigo mío, estaban al mando: ¿puede que quisieran colaborar conmigo?

«Puede» … odio esa palabra. Ya estaba harto de hacer suposiciones y todavía más harto de tener que mudarme. Hubiera podido estar siempre preguntándome a dónde ir si no se hubiera producido un nuevo acontecimiento. Julio II, papa y autor terrible de todas las guerras ocurridas, murió.

El nuevo pontífice era Juan de Medici, al que yo conocía desde que era un niño gracioso y gordito. ¡Qué suerte! Ya no tenía ninguna duda. No me quedaría en Milán y tampoco volvería a Florencia: me iría directamente a Roma, ¡al Vaticano! La invitación para ir a Roma me llegó, de hecho, de la parte de Julio, el hermano y secretario de Juan que se había convertido en el papa número 217 con el nombre de León X. Dejamos Milán a finales de septiembre de 1513 y llegamos a Roma un mes más tarde. Después de la agitación de la guerra, decidimos no darnos demasiada prisa. La ciudad era una construcción a cielo abierto, llena de polvo, de cúpulas, de edificios nuevos, de columnas de mármol. Tanta grandeza me dejaba sin palabras, sobre todo porque contrastaba considerablemente con la miseria del alojamiento que nos habían asignado. Incluso Melzi, tan positivo siempre, parecía estar contrariado.

Mona Lisa y Pacífica

Supongo que León X y su hermano tenían demasiadas responsabilidades como para pensar en nosotros y lo entiendo. Sin embargo, lo que no comprendía era por qué mi sueldo era tan bajo: yo era Leonardo da Vinci y había dinero a espuertas; uno era el papa y el otro el señor de Florencia. Un patrimonio económico que se gastaba en fiestas, en desfiles, en nuevos edificios y en obras de arte. ¡Ah!, las obras de arte… esa era la razón de que me tratasen así. Al mismo tiempo, en Roma, Miguel Ángel y Rafael llenaban la ciudad de obras de arte en un abrir y cerrar de ojos. ¿Qué digo? De auténticas maravillas: la capilla Sixtina de Miguel Ángel era sorprendente.

Personalmente, yo la hubiera hecho un poco menos llamativa… pero tengo que confesar que con el mismo tiempo invertido, hubiera conseguido apenas pintar el famosísimo dedo de Adán tendido hacia el de Dios. Con dos rivales de aquel calibre, encontrar un trabajo decente resultaba complicado.

Durante más o menos tres años, de 1513 a 1516, tuve que conformarme con tareas que me encargaba Julián de Medici. Algunas de ellas eran interesantes, como los proyectos de espejos especiales o de canales para sanear los pantanos insalubres; así podía poner en práctica mis estudios de óptica e ingeniería. Pero sobre todo Julián, sin saberlo, me permitió añadir un capítulo a la romántica historia de Mona Lisa. Una de sus amantes, Pacifica Brandano, se le parecía mucho, aunque era un poco más gordita. Cuando me enteré de que quería un retrato, vislumbré una doble oportunidad: adaptando el rostro de Lisa al de otro bello modelo, podía darme el gusto de perfeccionar su sonrisa… ¡y el cuadro valdría algunos miles de escudos! Con un amor infinito, ensanché su barbilla, alargué la cara, le añadí redondez a sus mejillas y la envejecí un poco; sus ojos y su sonrisa, eso sí, los dejé idénticos. Estaba en el séptimo cielo. La mujer del retrato no era ni Lisa Gherardini ni Pacifica Brandano. Ya no era una persona real y, por tanto, destinada a morir; era el concepto de la mujer perfecta o, por así decirlo, inmortal. Pero Julián de Medici, poco después de su boda, cayó enfermo y murió solo seis meses más tarde. ¿Qué iba a hacer con el cuadro? No iba a dárselo a su viuda… así que me lo quedé, que era lo que quería hacer en el fondo.

Olor a azufre

En Roma, cada vez visitaba más a los médicos que a los artistas. No estaba enfermo, solo tenía algunos pequeños achaques de salud, gracias a los que podía dedicarme al dibujo anatómico y al menos ser útil a la ciencia, ya que mis servicios no le interesaban al papa. Dibujando cadáveres, me di cuenta de que mis descubrimientos no estaban siempre de acuerdo con las ideas de la Iglesia sobre la naturaleza del mundo. En mis cuerpos disecados no veía el alma, sino la máquina. Así que los médicos empezaron a cerrarme la puerta en las narices. Lo mismo pasó con los Medici. El pontífice no veía con buenos ojos mis estudios; algunos decían incluso que olían a azufre: ¡la mejor manera para terminar quemado en la hoguera!

Pero si en Roma me impedían estudiar anatomía, no tenía nada más que hacer aquí.

Peor, me había enterado de que un primo del papa había enviado dos cuadros a la corte de Francia para demostrar la grandeza del arte italiano… pero ninguno de los dos era mío. Así que tomé una decisión. ¿Pensaban que el arte de Leonardo no era digno de llegar a Francia? Pues bien, Leonardo se presentaría en persona. Algunos años antes, en 1515, conocí en Bolonia al nuevo rey de Francia, Francisco I, y en aquella ocasión encontré mi amor por los monarcas que se había apagado tras lo que me pasó en Milán. Físico atlético y sonrisa brillante, el rey amaba el arte italiano y, en particular, el de Leonardo da Vinci.

Por fin la paz

Una vez que hubo admirado algunas pinturas y divertidos juguetes mecánicos de mi cosecha, un famoso león incluido, Francisco I quiso aprovechar mis extraordinarios conocimientos en su reino más allá de los Alpes. En ese momento, la Historia me dio un empujón. El papa estaba enfermo y de mal humor: había descubierto que algunos cardenales tenían en mente curar sus males con veneno. León X puso entonces en marcha una terrible venganza. Está claro que yo era la menor de sus preocupaciones, así que aproveché la oportunidad: unirme a la embajada del papa en la corte de Francia.

Era 1517, a finales del mes de mayo, creo. En mi equipaje solo quedaban tres cuadros (*San Juan Bautista*, es decir, Salai, *La Virgen, el Niño Jesús y Santa Ana* y, por supuesto, mi inmortal *Gioconda*), sin olvidar algunas decenas de libros y cientos de páginas que Melzi no había terminado de ordenar. No era nada en comparación con el pasado. En Francia, lo sentía, iba a encontrar todo lo que necesitaba. Paso a paso, casi siempre en ascenso gracias a mi esfuerzo, nos fuimos de Roma para alcanzar los Alpes y, por fin, llegar a Francia, al castillo de Amboise, donde Francisco I nos esperaba. Fue como

despertar de una pesadilla para empezar a vivir un sueño hermoso. Si Zoroastro hubiera estado conmigo me hubiera preguntado si estaba feliz por estar muerto, porque estaba en el paraíso.

Para empezar, la casa que Francisco I nos había concedido era un verdadero castillo. En las traseras no había un patio, sino un parque de robles con estanques y arroyos. Las habitaciones eran grandes, luminosas, frescas en verano y cálidas en invierno. Había personal que se encargaba de la cocina, de la limpieza e incluso de ordenarlo todo. La biblioteca estaba llena de libros que podía consultar y estudiar cómo y cuando quisiera. Se acabaron los rivales, los acreedores o los mercenarios que tanto me agobiaban.

En la corte de Francia

Gracias a la paz (y a la paciencia de Melzi), en este año tan feliz de 1518, por fin empecé a ver algunos de mis escritos ordenados, claros y legibles para todo el mundo, listos para ser impresos. Para el rey Francisco I, organicé fiestas llenas de sorpresas mecánicas, puestas en escena, trajes increíbles. Diseñé para él una residencia real, con caminos y jardines. Recibí a personas muy importantes que admiraban con sinceridad mis tratados y mis pinturas más hermosas como la *Gioconda*. Pensé en vender el cuadro al rey, pero en aquel paraíso de riquezas, no serviría de nada. Si un día lo termino, me gustaría regalárselo para agradecerle toda su generosidad. De momento, no quiero pensarlo…

Un sueño para la eternidad

ra como si la llama que ardía en mí desde que era muy pequeño se hubiera apagado. Ahora, puedo dejar mi alma errar libremente por el mundo. Puedo volar con las alas de un murciélago, bucear en el mar con una escafandra, trepar al cielo con mi hélice voladora y bajar en paracaídas. Puedo caminar sobre el agua con mis zapatos flotantes o viajar sin fin con mi prototipo de automóvil. Puedo pintar como si tuviera por delante toda la eternidad. Puedo estudiar hasta el amanecer o adormecerme escuchando a los pájaros nocturnos. Puedo presentarme como el señor Leonardo da Vinci, el genio italiano, y no como el hijo ilegítimo de un notario cualquiera. ¿Cuánto tiempo durará este dulce sueño? Si nunca me voy de aquí —lo que es muy probable— será como si durara para siempre.

¿Qué más podría desear?

De hecho, todavía hay una cosa. Me gustaría que mis aventuras animaran a otros jóvenes como al pequeño Leonardo a utilizar la cabeza para salir de situaciones difíciles, a no abandonar nunca y a observar, estudiar e inventar. A entender qué nos da miedo, qué no podemos controlar.

Y así se acaba mi relato… pero no mi historia. Tengo tantos proyectos en mente que tendría que volver a empezar para poder realizarlos todos, incluso volver a nacer de nuevo. La naturaleza esconde todavía una infinidad de secretos, infinidad de preguntas que resolver.

Alguien llegará, verá lo que da Vinci empezó y podrá terminarlo por mí. Alguien que imaginará un futuro diferente, más rico y más bonito. ¿Será un gran pintor? ¿O tal vez una gran inventora? No puedo saberlo. Pero lo que sí sé es que mi historia continúa…

1518

Biografías

Enrico Lavagno es escritor, editor y traductor. Colabora con editoriales italianas y también otras y es el autor de numerosas obras de carácter histórico, artístico y geográfico. Después de haber trabajado durante mucho tiempo en la edición «para adultos», se ha dedicado con pasión durante estos últimos años a los libros para niños y adolescentes.

Tamypu es ilustradora, redactora artística, grafista y autora de cuentos y cómics. Es diplomada en diseño de interiores y es titular de los másteres en concepción secuencial e ilustración, en la Escuela de Arquitectura de Hô Chi Minh y en la Universidad de Brighton, respectivamente. Ha trabajado, entre otras, para la editorial Nha Nam, para diferentes revistas y empresas, y cuenta con una quincena de libros para niños y adultos.